MÉMOIRES ET COMMUNICATIONS.

SUR LES ANCIENS RECENSEMENTS DE LA POPULATION BELGE,

Par M. A. QUETELET, président de la commission centrale.

Les écrivains sont très-partagés sur l'estimation des populations anciennes de la Belgique; une même tendance les a portés, en général, à admettre des chiffres exagérés. A les en croire, les populations actuelles seraient moins nombreuses que les anciennes, et cependant les preuves scientifiques paraissent entièrement opposées à de pareilles conjectures.

La Belgique, avec les progrès de son agriculture et de son industrie, en est parvenue à peu près à ce point, que le nombre de ses habitants ne peut guère être dépassé, sans risques pour les excédants; est-il probable alors qu'avec des administrations vicieuses, des guerres presque continuelles, des disettes, des maladies contagiéuses et tout ce qui tend à diminuer les populations, on se trouvât dans un état plus favorable que celui dont nous jouissons aujourd'hui?

Les anciens édifices publics, tels que les églises et les hôtels de ville, ont dû primitivement avoir été mis en rapport avec les populations auxquelles ils étaient destinés. Cependant de nos jours la plupart de ces édifices ont été reconnus insuffisants.

A ces preuves, indirectes il est vrai, on peut en joindre d'autres tirées des anciens états relatifs aux impôts; et l'intérêt qu'avait le pouvoir à les exagérer plutôt qu'à les amoindrir, ne doit guère permettre de récuser de pareilles autorités. Les plus anciens renseignements que nous ayons sur la population de la Belgique, remontent au temps de César. Ce conquérant nous a fait connaître le nombre des hommes que le pays pouvait mettre alors sous les armes; et, à l'aide de ce document, on a recherché quel était le nombre total des habitants; mais les calculs que l'on a établis à cet égard, ont donné des résultats très-peu concordants entre eux. D'après l'historien Des Roches, la population, à l'époque de l'invasion romaine, ne s'élevait point à un million d'habitants. M. le baron de Reiffenberg[1] l'estime à 700,000 environ. M. Schayes croit devoir poser un chiffre plus faible encore et n'admettre qu'une population de 250,000 habitants[2].

A partir de cette époque reculée, nous ne trouvons plus aucun document pour nous guider dans nos appréciations. Il faut arriver jusqu'au règne des ducs de Bourgogne pour rencontrer quelques recensements généraux faits dans différentes provinces; comme, du reste, dans ces recensements on ne comptait pas les habitants, mais les *foyers*, et que cette dernière désignation jette un grand vague dans les appréciations, il est à peu près impossible de se servir des documents de cette époque pour établir le chiffre absolu de la population. Parmi les écrivains, en effet, les uns comptent cinq habitants par foyer, les autres en prennent jusqu'à dix. La statistique peut-elle marcher d'une manière sûre entre des limites aussi larges?

D'une autre part, les foyers ne sont recensés qu'au point de vue de l'impôt, et l'on omet, en général, dans les états de l'époque, les populations des couvents, des hospices, des palais des princes, etc.

Un des plus anciens recensements par foyers est celui de 1435; il a été exécuté dans le Brabant à l'occasion d'une demande faite par le duc de Bourgogne de 300,000 *riders Philippus* pour lui-même et de 10,000 pour la duchesse. Ce recensement est surtout curieux en ce qu'il désigne le nombre des foyers soumis à l'impôt et celui des foyers pauvres. Les résultats en ont été publiés dans le 1er volume de la *Bibliothèque des antiquités belgiques*, par MM. Marschall et Félix Bogaerts, Anvers, 1833.

M. Schayes, dans le tome II du même recueil, a donné un autre relevé des foyers pour 1526; et, presque en même temps, il a inséré dans le 1er volume du *Messager des sciences et des arts*, une notice sur la population du Brabant en 1472 et 1480, toujours d'après les évaluations des foyers[3].

A ces évaluations défectueuses, on substitua plus tard les indications des registres des paroisses, et l'on estima la population, soit par le nombre des naissances, soit

---

[1] *Mémoires de l'Acad. de Brux.*, t. IX, *Essai sur la statistique ancienne de la Belgique*, p. 10.

[2] *Les Pays-Bas avant et durant la domination romaine*, p. 343, t. Ier.

[3] On trouvera à la suite de ce mémoire les détails d'un recensement par foyers fait dans le Luxembourg en 1495. Nous en devons la communication à l'obligeance de M. Schayes.

par le nombre des personnes qui communiaient. Les plus anciens registres des paroisses datent chez nous du commencement du XVIᵉ siècle. Ce nouveau mode de recensement, en le supposant même fait avec soin, avait l'inconvénient de ne faire connaître que des fractions de la population catholique.

Il faut passer ensuite jusqu'à la fin du siècle dernier pour trouver un premier essai de recensement général, d'où il serait, du reste, impossible de déduire un chiffre de la population qui méritât quelque confiance [1].

A peine constituée, la Commission centrale de statistique sentit la nécessité de s'attacher, avant tout, à réunir des données exactes sur l'état de la population. Pour atteindre ce but, elle ne se borna pas à demander un recensement général de la population devenu désormais indispensable, elle voulut rassembler encore tous les résultats des opérations semblables qui avaient été faites antérieurement.

Cependant il eût été inutile de reporter ses regards sur des temps trop reculés, pour lesquels les documents ou n'existaient plus ou avaient été recueillis d'une manière incomplète. Aussi, dans l'instruction qu'elle rédigea pour être transmise aux commissions provinciales de statistique à l'époque de leur création, la Commission centrale se borna-t-elle à demander les pièces relatives aux dénombrements généraux et particuliers qui avaient été faits en Belgique depuis le commencement de ce siècle. Qu'il nous soit permis de rappeler ici les termes mêmes de l'instruction :

« Les dénombrements généraux sont au nombre de cinq, et se rapportent aux années 1801, 1806, 1811, 1816 et 1829. Les résultats n'en ont pas encore été réunis chez nous, d'après un modèle uniforme ; ce travail a été fait pour la France, et a paru dans la *Statistique* de ce royaume, publiée par le Ministre des travaux publics, de l'agriculture et du commerce, volume de 1837.

» Les deux premiers recensements avaient été prescrits par circulaires ministérielles du 26 floréal an VIII (16 mai 1800) et du 3 novembre 1805 ; celui de 1811 fut une simple estimation en masse et par approximation de la population de chaque département ; il fut procédé à peu près de même dans celui de 1816. Pour ce qui concerne le cinquième recensement, celui de 1829, il a été ordonné par arrêté royal du 29 septembre 1828 ; il devait, comme on sait, être renouvelé tous les dix ans ; mais l'époque du premier renouvellement a été reculée jusqu'en 1847, par un

---

[1] Le premier recensement régulier a été fait en 1784, par ordre du Gouvernement autrichien ; M. Gachard en a donné les résultats dans ses *Analectes Belgiques*. M. Heuschling en a aussi présenté des extraits dans une notice intitulée : *Situation territoriale et population des provinces belges sous le Gouvernement autrichien*. Nous avons fait connaître les détails relatifs à Bruxelles, dans le tome Iᵉʳ de ce *Bulletin*.

arrêté royal du 8 avril 1839. Le Gouvernement a déjà annoncé l'intention de fixer à cet égard une époque plus rapprochée.

» Dans les tableaux qu'il s'agit de dresser pour les recensements généraux, il est bien entendu que les arrondissements comme la province seront pris dans leur consistance actuelle, autrement les résultats ne seraient pas comparables; les accroissements et les disjonctions de territoire devront être exactement indiqués. »

Quoique l'instruction dont les passages précédents sont extraits, eût été transmise aux commissions provinciales depuis le mois de mai 1843, les documents demandés n'ont été remis que tardivement; plusieurs même ne nous sont parvenus que pendant le cours de l'année dernière.

Nous allons voir maintenant comment les différentes commissions provinciales ont répondu à l'appel qui leur a été fait, et s'il est possible de tirer parti des matériaux qu'elles ont pris soin de rassembler [1].

Province d'Anvers [2].

Les documents que la commission provinciale a fait parvenir au Gouvernement sont de deux espèces : les uns concernent les recensements généraux qui ont eu lieu dans la province, les autres appartiennent aux recensements particuliers.

Recensements généraux. — Les tableaux donnent, pour les années 1806, 1816 et 1829, le chiffre de la population divisée par arrondissements administratifs. On n'a point retrouvé aux archives de la province de tableau récapitulatif de la population de 1801. La correspondance de cette époque prouve qu'il a été impossible d'obtenir des autorités communales les documents nécessaires pour le former. Quelques communes seulement les ont fait parvenir; encore les états fournis par elles sont-ils incomplets et dressés sans aucune régularité. D'après un travail publié par le préfet, M. d'Herbouville, la population, à cette époque, s'élevait à 246,441 âmes.

Il en a été à peu près de même en ce qui concerne le recensement de 1811. Le dépouillement de toutes les pièces ne fournit aucun document satisfaisant; on

---

[1] Ce mémoire avait été fait d'abord pour servir de *rapport* sur les documents envoyés par les commissions provinciales. La sous-commission se composait de MM. Ducpetiaux, Heuschling, Perrot, Sauveur, Smits, Stevens et Quetelet, rapporteur.

[2] La plupart des détails qui seront présentés, sont extraits textuellement des documents mêmes des commissions provinciales. — La sous-commission chargée de la question relative aux anciens recensements dans la province d'Anvers, se composait de MM. G. Pieron, Aug. de Marbaix, G.-J. Oostendorp et A. Kreglinger.

y trouve cependant : 1° une minute, certifiée véritable et paraphée par le préfet des Deux-Nèthes, en date du 3 avril 1811, intitulée : *État général de la population du département par arrondissement de sous-préfecture,* et portant globalement la population à 281,801 habitants, auxquels il faut en ajouter 87,205 pour l'arrondissement de Bréda, qui faisait alors partie du département des Deux-Nèthes ; 2° un autre état général par arrondissement et par commune, mais sans aucune distinction de sexe, d'âge ou de condition. Cet état porte le total de la population à 284,584 habitants, et compte ainsi 2,783 habitants de plus que le premier ; il est daté du mois d'octobre 1811, sans désignation de jour, et n'est ni signé ni même paraphé. — La commission provinciale, en transmettant ce dernier état, ne s'est pas aperçue qu'il reproduisait identiquement les résultats du recensement de 1806.

Les tableaux de 1801 et 1811 sont donc très-défectueux ; ceux de 1806, 1816 et 1829 au contraire sont généralement réguliers ; ceux de la dernière année surtout renferment des détails fort intéressants. On sait que le recensement de 1829 faisait connaître, par commune, le nombre des maisons, celui des ménages, la distribution de la population : 1° d'après l'état civil, en faisant la distinction des sexes ; 2° d'après le culte [1].

Nous allons présenter successivement les résultats des cinq périodes. On n'a point retrouvé les pièces nécessaires pour constater s'il a été tenu compte des garnisons, des ouvriers militaires et des prisonniers ; il y a lieu de croire que cette partie de la population n'est pas comprise dans les quatre recensements qui ont précédé celui de 1829. Dans ce dernier se trouve portée la garnison de la ville d'Anvers, s'élevant au chiffre de 4,237 hommes, et celle de Malines, s'élevant à 889 hommes [2].

On remarquera que, pendant la période décennale de 1806 à 1816, la population a été à peu près stationnaire dans les trois arrondissements de la province. Est-ce un résultat des guerres de l'Empire ou des nombreuses réticences qui doivent avoir été faites pour échapper aux diverses charges dont le chiffre se réglait d'après celui de la population ? Nous nous bornerons toutefois à faire remarquer que le recensement de 1816 a été fait par le Gouvernement des Pays-Bas et que les appréhensions alors n'étaient plus les mêmes.

---

[1] Par suite d'un arrêté de M. le Régent de la Belgique, les principaux résultats de ce recensement ont été publiés en 1832 par MM. A. Quetelet et Ed. Smits, dans l'ouvrage : *Recherches sur la reproduction et la mortalité de l'homme aux différents âges et sur la population de la Belgique* Bruxelles, chez L. Haumann et Cᵉ, 1 vol. in-8°.

[2] Voyez page 86 des *Recherches sur la reproduction et la mortalité,* etc.

ANNÉES.	HOMMES.				FEMMES.			TOTAUX.		
	ENFANTS et célibataires.	MARIÉS ou veufs.	MILITAIRES.	TOTAUX.	ENFANTS et célibataires.	MARIÉES ou veuves.	TOTAUX.	HOMMES.	FEMMES.	TOTAUX.
Province d'Anvers.										
1801	»	»	»	»	»	»	»	»	»	246,436
1806	84,436	49,975	2,785	137,192	92,387	55,005	147,392	137,192	147,392	284,584
1811	»	»	»	»	»	»	»	»	»	281,801
1816	86,311	54,407	2,654	143,372	94,783	55,568	150,351	143,372	150,351	293,723
1829	116,005	58,170	»	174,175	115,971	64,828	180,799	174,175	180,799	354,974
Arrondissement d'Anvers.										
1801	»	»	»	»	»	»	»	»	»	109,623
1806	36,173	21,788	1,437	59,398	40,218	24,596	64,814	59,398	64,814	124,212
1811	»	»	»	»	»	»	»	»	»	122,775
1816	38,511	21,354	1,115	60,980	40,639	24,137	64,776	60,980	64,776	125,756
1829 [1]	53,403	26,363	»	79,766	52,488	29,701	82,189	79,766	82,189	161,955
Arrondissement de Malines.										
1801	»	»	»	»	»	»	»	»	»	72,701
1806	25,934	14,909	981	41,824	28,845	16,376	45,221	41,824	45,221	87,045
1811	»	»	»	»	»	»	»	»	»	86,064
1816	28,032	15,271	816	44,119	31,782	16,923	48,705	44,119	48,705	92,824
1829	33,558	17,302	»	50,860	35,381	19,284	54,665	50,860	54,665	105,525
Arrondissement de Turnhout.										
1801	»	»	»	»	»	»	»	»	»	64,112
1806	22,329	13,276	365	35,970	23,324	14,033	37,357	35,970	37,357	73,327
1811	»	»	»	»	»	»	»	»	»	72,962
1816	24,544	13,006	723	38,273	22,362	14,508	36,870	38,273	36,870	75,143
1829 [2]	29,044	14,505	»	43,549	28,102	15,843	43,945	43,549	43,945	87,494

[1] Y compris 1,386 détenus dans la maison de correction de St-Bernard.

[2] Y compris 1,253 personnes aux colonies de Merxplas et de Wortel, ainsi que 580 insensés étrangers à la commune de Gheel, et 300 reclus étrangers à la commune d'Hoogstraeten.

Recensements particuliers. — La commission provinciale a fait parvenir les documents suivants :

1° Huit états comparatifs de la population des villes et des arrondissements de la province d'Anvers (département des Deux-Nèthes) en 1789 et pendant les années IX, X, XI, XII de la république. Ces états, dressés pour faire partie d'un travail projeté par le Gouvernement français, renferment des renseignements intéressants, dont plusieurs mériteraient d'être publiés ;

2° Un tableau de la population de la province au 1ᵉʳ vendémiaire de l'an VIII (23 septembre 1799) ;

3° Un autre fait le 29 septembre 1814 ;

4° Le tableau de recensement par sections et hameaux des villes et des communes au 1ᵉʳ janvier 1818 ;

5° Un autre fait au 1ᵉʳ janvier 1820 ;

6° Un tableau du recensement d'Anvers au 31 décembre 1820 ;

7° Un pareil tableau fait à la même époque pour Malines ;

8° Un autre plus détaillé pour Lierre ;

9° Le tableau général de la population de la province ;

10° Le résultat du travail relatif au recensement de Turnhout au 1ᵉʳ juillet 1821 ;

11° Le tableau du recensement de la population de la province au 1ᵉʳ janvier 1823 ;

12° Idem au 1ᵉʳ janvier 1824 ;

13° Extrait du travail sur le recensement par sections et hameaux fait le 1ᵉʳ janvier 1827 ;

14° Le tableau du recensement fait le 1ᵉʳ novembre 1830.

« Ce tableau, ajoute la commission provinciale, fait en novembre 1830, a servi et sert encore dans cette province, comme point de départ pour établir le calcul relatif à la population des diverses localités de la province, calcul qui se fait chaque année pour établir la base de la répartition du contingent de la milice. » Il y a évidemment, ici, une erreur de date, et il faut lire le 1ᵉʳ novembre 1829.

Il est à regretter que la commission n'ait pas indiqué d'une manière plus positive quels ont été les recensements réellement effectués et les moyens employés pour les obtenir. Quoi qu'il en soit, les divers documents qu'elle a transmis, méritent d'être conservés dans les archives de la Commission centrale. Nous nous sommes borné à en extraire les renseignements relatifs aux villes d'Anvers et de Malines : Anvers jouait un rôle important du temps de l'Empire; elle est encore aujourd'hui l'une des villes les plus remarquables de notre royaume. Malines, par sa position centrale par rapport aux chemins de fer, mérite également de fixer l'attention du statisticien.

ÉPOQUES DES RECENSEMENTS.	POPULATION DE	
	ANVERS.	MALINES.
1789	49,061	22,150
An ix (1800—1801).	55,906	19,208
An x (1801—1802) [1]	55,830	19,238
An xi (1802—1803).	57,534	19,689
An xii (1803—1804).	59,040	20,010
1814	66,144	19,975
1818	61,762	20,437
1820	59,941	21,422
1823	61,485	21,939
1824	62,898	22,083
1827	65,980	22,971
1829 [2]	77,199	24,436
1844 [3]	87,480	26,679

Ces populations sont, d'une part, celle d'Anvers, de St-Willebrord, de St-Laurent et de Kiel qui appartiennent à la commune; et, de l'autre part, celle de Malines et des hameaux qui en dépendent.

Si les chiffres précédents étaient exacts, la population d'Anvers aurait été très-sensiblement croissante du temps de l'Empire, stationnaire sous le Gouvernement des Pays-Bas, et croissante encore sous le régime actuel.

Quant à la ville de Malines, sa population aurait été à peu près stationnaire depuis 1789 jusqu'à l'époque de la révolution de 1830; et elle aurait pris, depuis, de légers accroissements, bien peu en rapport avec la position avantageuse qu'elle occupe comme point central des chemins de fer de la Belgique.

[1] Dans le travail publié par le préfet M. d'Herbouville, la population d'Anvers en 1801, s'élevait à 55,925 habitants, et celle de Malines, à 16,072. Ce dernier nombre est bien différent de celui donné plus haut pour la même époque.

[2] Les chiffres sont ceux qui résultent du recensement fait à la fin de 1829 en y comprenant 4,257 hommes formant garnison à Anvers, et 889 hommes à Malines. La commission provinciale donne, pour la population de la ville d'Anvers, au 1er novembre 1830, 70,477 habitants ; et, pour la population de Malines, 23,278.

[3] Au 31 décembre, d'après le *mouvement de l'état civil*, publié en 1845, par M. le Ministre de l'intérieur.

_— 9 —_

Province de Brabant [1].

Les tableaux de recensement pour 1816 et 1829, ont pu être donnés en détail et par communes, conformément aux modèles du Gouvernement; pour les années 1801 et 1806, les relevés de la population ont été présentés seulement d'une manière globale pour chaque commune de la province. Quant aux documents de 1811, il n'a été possible de s'en procurer que pour deux ou trois communes.

Il est à regretter que la commission provinciale n'ait pas joint à ses tableaux des renseignements propres à en faire apprécier la valeur. Elle s'est bornée à faire connaître que, dans les documents consultés, l'on n'a pu trouver aucune explication sur le mode suivi dans les recensements des années 1816 et 1829, en ce qui concerne les garnisons, les prisons, les hôpitaux et hospices, les colléges et pensions, etc.

Le tableau suivant renferme le résumé des documents relatifs aux quatre recensements de 1801, 1806, 1816 et 1829 [2].

ANNÉES.	HOMMES.				FEMMES.			TOTAUX.		
	ENFANTS et célibataires.	MARIÉS et veufs.	MILITAIRES.	TOTAUX.	ENFANTS et célibataires.	MARIÉES et veuves.	TOTAUX.	HOMMES.	FEMMES.	TOTAUX.
PROVINCE DE BRABANT.										
1801...	»	»	»	»	»	»	»	»	»	245,972
1806...	»	»	»	»	»	»	»	»	»	302,542
1811...	»	»	»	»	»	»	»	»	»	?
1816...	98,866	58,392	1,279	157,258	96,363	61,144	157,507	157,258	157,507	314,765
1829...	128,682	68,804	»	197,486	123,302	74.574	197,876	197,486	197,876	395,362
Arrondissement de Bruxelles.										
1801...	»	»	»	»	»	»	»		»	110,598
1806...	»	»	»	»	»	»	»	»		156,887
1811...	»	»	»	»	»	»	»	»	»	?
1816...	43,542	25,901	»	69,443	41,352	27,172	68,524	69,443	68,524	137,967
1829...	59,460	31,275	»	90,735	56,521	33,514	89,835	90,735	89,835	180,568

[1] Il n'est point dit par qui les tableaux ont été dressés.

[2] On peut voir dans le 1er volume du _Bulletin de la Commission centrale de statistique_, un mémoire sur le recensement de Bruxelles en 1842 et sur la population de cette capitale à différentes époques.

ANNÉES.	HOMMES.				FEMMES.			TOTAUX.		
	ENFANTS et célibataires.	MARIÉS et veufs.	MILITAIRES.	TOTAUX.	ENFANTS et célibataires.	MARIÉES et veuves.	TOTAUX.	HOMMES.	FEMMES.	TOTAUX.
Arrondissement de Louvain.										
1801...	»	»	»	»	»	»	»	»	»	68,600
1806...	»	»	»	»	»	»	»	»	»	87,867
1811...	»	»	»	»	»	»	»	»	»	?
1816...	28,805	16,159	751	44,964	28,954	16,637	45,591	44,964	45,591	90,555
1829...	34,794	17,969	»	52,763	33,622	19,690	53,312	52,763	53,312	106,075
Arrondissement de Nivelles.										
1801...	»	»	»	»	»	»	»	»	»	64,774
1806...	»	»	»	»	»	»	»	»	»	77,788
1811...	»	»	»	»	»	»	»	»	»	?
1816...	26,519	16,332	528	42,851	26,057	17,335	43,392	42,851	43,392	86,243
1829...	34,428	19,562	»	53,990	33,359	21,370	54,729	53,990	54,729	108,719

Flandre Occidentale [1].

La commission provinciale a réussi à compléter, pour les années 1801, 1806 1816 et 1829, par communes et d'après le modèle du Gouvernement, les résultats des recensements opérés dans la Flandre occidentale. Ce sont les documents les plus complets qui nous soient parvenus. Quant au recensement général de 1811, elle pense qu'il n'a point été fait. Sa conviction est puisée dans la lettre suivante, adressée, le 11 janvier 1815, au commissaire général des finances, par l'intendant du département de la Lys.

N° 53. *L'intendant départemental à Son Excellence le conseiller d'État, commissaire général des finances.*

« Monsieur le Conseiller d'État,

» J'ai l'honneur d'adresser à Votre Excellence, pour me conformer à sa lettre du 9 de ce mois, l'état nominatif des communes de ce département, avec indication de la population de chacune d'elles, *d'après le dernier recensement fait en* 1806.

» J'ai l'honneur, etc.

(Paraphé) » E. De Nᵗ » (E. De Nieuport.)

[1] La sous-commission était composée de MM. Boyaval-Holvoet, Priem et Goethals, rapporteur.

Ainsi, d'après cette lettre, le dernier recensement fait dans le département de la Lys avant le 11 janvier 1815, remonte à l'année 1806, et le dénombrement de 1811, par conséquent, n'aurait point eu lieu.

La commission provinciale de la Flandre occidentale considère les deux recensements de 1801 et 1806 comme ayant été faits avec tout le soin voulu et comme présentant toute l'exactitude qu'il était possible de donner, dans ce temps-là, à une opération de cette espèce.

Quant au dénombrement de 1816, les documents qu'on a retrouvés donnent la population, non-seulement par arrondissement, par canton de milice et par commune, mais même par village, bourg, hameau ou fraction de commune; ils font la distinction des sexes, des âges, de l'état civil et des cultes. Toutefois la commission provinciale fait observer que ce recensement n'a peut-être pas toute l'exactitude qu'on pourrait lui supposer au premier abord. L'intervalle de temps, en effet, entre la demande de ce travail (le 21 février 1816) et l'époque à laquelle il devait être fourni (10 mars suivant), était insuffisant pour permettre de faire un dénombrement consciencieux. La commission ne s'exprime pas sur la valeur du recensement de 1829 dans la Flandre occidentale.

Pour ce qui concerne les dénombrements particuliers, on n'a rien trouvé qui autorise à croire qu'il en ait été fait d'autres que ceux nécessités par les recensements généraux.

En jetant les yeux sur les tableaux des recensements, on reconnaît que la population a été généralement croissante. Le nombre des femmes a été un peu plus considérable que le nombre des hommes, et cette différence a été occasionnée, en grande partie, par la population des villes. Bruges surtout a présenté un excédant notable, eu égard à sa population.

Voici les différences trouvées aux époques des quatre recensements :

D'après le recensement de	EXCÉDANT DES FEMMES SUR LES HOMMES		
	dans la province.	dans les villes.	à Bruges.
1801	16,764	12,885	4,490
1806	8,197	9,509	3,763
1816	14,080	10,984	5,595
1829	14,166	10,933	5,052

Il est très-probable que les guerres de l'Empire ne sont ici pour rien dans la différence que nous remarquons, puisque nous retrouvons encore la même inégalité au commencement et à la fin du royaume des Pays-Bas. Nous croyons devoir l'attribuer au grand nombre de femmes qui viennent habiter les villes en qualité de domestiques et qui font paraître ainsi le nombre des hommes relativement trop faible. Et en effet, en prenant l'arrondissement entier de Bruges, nous remarquons qu'aux époques des quatre recensements, la population masculine a été plutôt supérieure à la population féminine, de sorte que l'on trouvait en moins dans les campagnes les femmes qui étaient en excès dans les villes.

ANNÉES.	HOMMES.				FEMMES.			TOTAUX.		
	ENFANTS et célibataires.	MARIÉS et veufs.	MILITAIRES.	TOTAUX.	ENFANTS et célibataires.	MARIÉES et veuves.	TOTAUX.	HOMMES.	FEMMES.	TOTAUX.
Province de la Flandre occidentale.										
1801...	134,126	84,706	2,651	221,485	147,596	90,651	238,247	221,485	238,247	459,730
1806...	149,942	85,590	6,441	241,973	158,025	92,145	250,170	241,973	250,170	492,143
1811...	»	»	»	»	»	»	»	»	»	?
1816...	161,765	86,186	4,727	252,678	171,984	94,774	266,758	252,678	266,758	519,436
1820...	195,214	98,542	»	293,756[1]	197,921	110,001	307,922	293,756	307,922	601,678
Arrondissement de Bruges.										
1801...	11,505	6,458	225	18,186	11,138	6,741	17,879	18,186	17,879	36,005
1806...	12,480	6,585	597	19,462	12,236	6,950	19,166	19,462	19,166	38,628
1811...	»	»	»	»	»	»	»	»	»	»
1816...	14,085	6,530	579	20,992	13,486	6,861	20,347	20,992	20,347	41,539
1829...	17,700	8,032	»	25,732	16,454	9,000	25,454	25,732	25,454	51,186
Arrondissement d'Ostende.										
1801...	5,350	3,270	69	8,689	5,645	3,365	9,008	8,689	9,008	17,697
1806...	6,039	3,204	120	9,363	5,701	3,369	9,070	9,363	9,070	18,433
1811...	»	»	»	»	»	»	»	»	»	»
1816...	6,835	3,541	152	10,528	6,835	3,675	10,510	10,528	10,510	20,858
1829...	8,445	3,974	»	12,419	8,216	4,572	12,788	12,419	12,788	25,207
Arrondissement de Dixmude.										
1801...	8,938	4,925	76	13,939	8,714	5,134	13,848	13,939	13,848	27,787
1806...	9,385	5,039	201	14,625	9,421	5,436	14,857	14,625	14,857	29,482
1811...	»	»	»	»	»	»	»	»	»	»
1816...	10,423	5,881	276	16,580	10,557	6,188	16,745	16,580	16,745	33,325
1829...	12,983	6,438	»	19,421	12,793	7,253	20,046	19,421	20,046	39,467

[1] Dans ce nombre sont compris 3,549 militaires; les états officiels n'indiquent pas leur distribution par commune.

ANNÉES.	HOMMES.				FEMMES.			TOTAUX.		
	ENFANTS et célibataires.	MARIÉS et veufs.	MILITAIRES.	TOTAUX.	ENFANTS et célibataires.	MARIÉES et veuves.	TOTAUX.	HOMMES.	FEMMES.	TOTAUX.

Arrondissement de Furnes.

ANNÉES.	ENFANTS et célibataires.	MARIÉS et veufs.	MILITAIRES.	TOTAUX.	ENFANTS et célibataires.	MARIÉES et veuves.	TOTAUX.	HOMMES.	FEMMES.	TOTAUX.
1801...	4,945	3,349	56	8,350	4,845	3,544	8,389	8,350	8,389	16,739
1806...	5,309	3,321	169	8,799	5,026	3,520	8,546	8,799	8,546	17,345
1811...	»	»	»	»	»	»	»	»	»	»
1816...	5,741	3,290	161	9,192	5,347	3,950	9,297	9,192	9,297	18,489
1829...	6,723	3,675	»	10,398	6,647	4,149	10,796	10,398	10,796	21,194

Arrondissement d'Ypres.

ANNÉES.	ENFANTS et célibataires.	MARIÉS et veufs.	MILITAIRES.	TOTAUX.	ENFANTS et célibataires.	MARIÉES et veuves.	TOTAUX.	HOMMES.	FEMMES.	TOTAUX.
1801...	15,194	9,477	168	24,839	16,355	9,739	26,094	24,839	26,094	50,933
1806...	16,834	10,006	493	27,333	17,401	10,643	28,044	27,333	28,044	55,377
1811...	»	»	»	»	»	»	»	»	»	»
1816...	18,647	9,086	533	28,266	17,725	10,269	27,994	28,266	27,994	56,260
1829...	19,716	10,594	»	30,310	19,710	11,703	31,413	30,310	31,413	61,723

Arrondissement de Courtrai.

ANNÉES.	ENFANTS et célibataires.	MARIÉS et veufs.	MILITAIRES.	TOTAUX.	ENFANTS et célibataires.	MARIÉES et veuves.	TOTAUX.	HOMMES.	FEMMES.	TOTAUX.
1801...	25,713	14,916	463	41,092	26,962	15.551	42,513	41,092	42,513	83,405
1806...	30,123	16,247	830	47,200	29,080	16,929	46,009	47,200	46,009	93,209
1811...	»	»	»	»	»	»	»	»	»	»
1816...	31,496	16,769	894	49,159	32,115	18,030	50,145	49,159	50,145	99,304
1829...	38,221	18,425	»	56,646	37,102	19,774	56,876	56,646	56,876	113.522

Arrondissement de Thielt.

ANNÉES.	ENFANTS et célibataires.	MARIÉS et veufs.	MILITAIRES.	TOTAUX.	ENFANTS et célibataires.	MARIÉES et veuves.	TOTAUX.	HOMMES.	FEMMES.	TOTAUX.
1801...	12,981	8,516	372	21,869	13,497	8,990	22,487	21,869	22,487	44,356
1806...	15,620	8,017	484	24,121	15,572	8,446	24,018	24,121	24,018	48,139
1811...	»	»	»	»	»	»	»	»	»	»
1816...	16,764	8,237	458	25,459	17,780	8,974	26,754	25,459	26,754	52.213
1829...	19,876	9,352	»	29,228	19,356	10,096	29,452	29,228	29,452	58,660

Arrondissement de Roulers.

ANNÉES.	ENFANTS et célibataires.	MARIÉS et veufs.	MILITAIRES.	TOTAUX.	ENFANTS et célibataires.	MARIÉES et veuves.	TOTAUX.	HOMMES.	FEMMES.	TOTAUX.
1801...	15,983	9,906	374	26,263	16,887	10,201	27,088	26,263	27,088	53,351
1806...	17,296	9,945	554	27,775	17,354	10,302	27,656	27,775	27,656	55,451
1811...	»	»	»	»	»	»	»	»	»	»
1816...	18,870	9,945	543	29,358	20,165	10,475	30,638	29,358	30,638	59,906
1829...	21,807	10,789	»	32,596	21,554	11,624	33,178	32,596	33,178	65,774

ANNÉES.	HOMMES.				FEMMES.			TOTAUX.		
	ENFANTS et célibataires.	MARIÉS et veufs.	MILITAIRES.	TOTAUX.	ENFANTS et célibataires.	MARIÉES et veuves.	TOTAUX.	HOMMES.	FEMMES.	TOTAUX.
Les 15 villes de la province.										
1801...	35,517	23,889	850	58,256	43,555	27,588	71,141	58,256	71,141	129,397
1806...	56,856	23,426	3,013	63,295	46,234	26,570	72,804	63,295	72,804	136,099
1811...	»	»	»	»	»	»	»	»	»	»
1816...	58,906	23,107	1,331	63,344	47,974	26,354	74,328	63,344	74,328	137,672
1829...	49,743	27,263	»	77,006	56,109	31,830	87,939	77,006	87,939	164,945
Ville de Bruges.										
1801...	8,280	6,184	304	14,768	11,523	7,935	19,258	14,768	19,258	34,026
1806...	8,201	5,785	1,255	15,241	11,833	7,171	19,004	15,241	19,004	34,245
1811...	»	»	»	»	»	»	»	»	»	»
1816...	7,696	5,367	346	13,409	12,148	6,856	19,004	13,409	19,004	32,413
1829...	11,586	6,987	»	18,573	15,015	8,610	23,625	18,573	23,625	42,198

Flandre orientale [1].

La commission provinciale de la Flandre orientale a transmis les tableaux de la population par arrondissements administratifs et pour les cinq périodes de 1801, 1806, 1811, 1816 et 1829. Mais un seul de ces tableaux, celui relatif au recensement de 1829, contient toutes les indications demandées par la Commission centrale, à l'exception de la distinction des militaires qui ne se trouve pas dans le travail.

Dans les quatre autres tableaux, présentant le relevé de la population par arrondissements administratifs et selon l'état civil, d'après les recensements de 1801, 1806, 1811 et 1816, on a dû, faute de renseignements, se borner à indiquer le chiffre total de la population des villes et des communes rurales, en laissant en blanc les colonnes consacrées à la distinction des sexes et de l'état civil. Ces lacunes sont véritablement à déplorer.

Si l'on peut s'en rapporter aux nombres que contiennent les tableaux, on voit que la population, après avoir crû rapidement dans l'intervalle du recensement de 1801 à celui de 1806, serait devenu à peu près stationnaire dans la période décennale suivante.

[1] Les tableaux transmis par la commission provinciale, ont été dressés dans les bureaux de M. le Gouverneur.

La capitale de la Flandre orientale, la ville de Gand, si populeuse et si remarquable au temps de Charles-Quint, avait bien déchu de sa splendeur au sortir de la crise révolutionnaire et dans les premiers temps de l'Empire. Voici, en effet, quelle en était la population :

D'après le recensement de 1801 . . . . . . 55,161 habitans
Idem   1806 . . . . . . 60,775 id.
Idem   1811 . . . . . . 58,199 id.
Idem   1816 . . . . . . 61,147 id,
Idem   1829 . . . . . . 85,785 id.

La population de Gand, d'après les tableaux officiels, était, au 31 décembre 1844, de 109,982 habitants; elle était donc à peu près doublée depuis le commencement de ce siècle.

Nous nous bornerons à donner ici les chiffres globaux aux différentes époques des recensements.

ANNÉES.	HOMMES.				FEMMES.			TOTAUX.		
	ENFANTS et célibataires.	MARIÉS et veufs.	MILITAIRES.	TOTAUX.	ENFANTS et célibataires.	MARIÉES et veuves.	TOTAUX.	HOMMES.	FEMMES.	TOTAUX.
PROVINCE DE LA FLANDRE ORIENTALE.										
1801...	»	»	»	»	»	»	»	»	»	550,989
1806...	»	»	»	»	»	»	»	»	»	602,257
1811...	»	»	»	»	»	»	»	»	»	601,158
1816...	»	»	»	»	»	»	»	»	»	615,689
1829...	245,560	115,729	»	361,289	244,502	128,147	372,649	361,289	372,649	735,938

ARRONDISSEMENTS ADMINISTRATIFS DE	RECENSEMENTS DE				
	1801.	1806.	1811.	1816.	1829.
Gand	187,998	200,565	197,568	203,528	249,285
Audenarde	85,952	93,171	93,131	93,779	108,163
St-Nicolas	85,811	85,877	87,341	89,474	105,966
Eecloo	38,966	41,691	41,790	44,262	51,581
Alost	97,449	106,410	107,712	110,281	131,091
Termonde	65,813	74,545	73,595	74,565	88,052

Province de Hainaut [1].

Les tableaux du Hainaut ne font connaître la population des communes que d'une manière globale pour les époques de 1801 , 1806, 1816 et 1829; les nombres de 1811 manquent complétement. Le peu de renseignements communiqués relativement à ces tableaux se trouvent dans l'extrait suivant du procès-verbal de la séance du 28 août 1843 de la commisssion provinciale :

« Monsieur le président fait connaître le regret qu'il éprouve de n'avoir pu procurer au secrétaire tous les éléments du travail demandé par le Ministère , sur la population, les recherches qui ont eu lieu jusqu'ici aux archives du gouvernement ayant fait retrouver seulement les documents relatifs aux recensements de 1801 à 1806 et les relevés du recensement de 1816, pour deux arrondissements.

» Le secrétaire, pour suppléer autant que possible aux divers états demandés , a formé et présenté un relevé synoptique de la population totale que les recensements de 1801 , 1806, 1816 et 1829 avaient constaté.

» Il dit que les chiffres de ce relevé ont été puisés, pour 1829 et en partie pour 1816, dans les almanachs de la province, et que l'addition de la population des communes présente le total de celle de la province indiquée dans ces mêmes almanachs.

» La Commission décide que, vu l'impossibilité de former le travail comme il est demandé par le Ministère, copie de ce relevé lui sera envoyée. Quant au recensement de 1811, il n'a jamais été mentionné dans les almanachs de la province, puisque, dans celui de 1816, on retrouve encore la population d'après le recensement de 1806. »

Les résultats généraux des quatre recensements de 1801 , 1806, 1816 et 1829, sont les suivants :

D'après le recensement de 1801 . . . . 414,541 habitants.
Idem   1806 474,497   id.
Idem   1816 488,595   id.
Idem   1829 608,524   id.

Si ces résultats étaient exacts, il faudrait en conclure que, dans le Hainaut comme dans la province d'Anvers, la population a été à peu près stationnaire pendant la période décennale de 1806 à 1816.

[1] Les tableaux ont été dressés dans les bureaux de M. le Gouverneur.

Voici quelle était la population des deux principales villes de la province :

	1801.	1806.	1816.	1829.
Mons	18,291	19,830	20,057	23,062
Tournay . . .	21,303	23,256	22,751	28,949

D'après les tableaux officiels, la population de ces deux villes était, au 31 décembre 1844, de 23,088 habitants pour Mons, et de 26,379 pour Tournay; elle était donc à peu près stationnaire. Quant à la population de la province de Hainaut, elle s'élevait à 686,256 habitants, et elle s'était accrue conséquemment de 80,000 habitants environ depuis 1829.

Province de Liége [1].

La province de Liége se compose en grande partie des débris de l'ancien département de l'Ourte. Pour arriver à former des tableaux comparables, il a fallu se livrer à un travail assez long. Les résultats des recensements de 1816 et 1829 se trouvaient encore à l'hôtel du Gouverneur, mais il a fallu rechercher, dans les archives de la province, les pièces relatives aux recensements de 1801 et 1806, où elles étaient confondues avec un grand nombre d'autres papiers. Quant au recensement de 1811, il paraît ne pas avoir été exécuté; on n'en a du moins retrouvé aucune trace.

Les documents que la Commission centrale de statistique a reçus, ne concernent que les années 1806, 1816 et 1829; ils ont été dressés par M. le Dr Defooz, d'après les modèles du Gouvernement; mais les nombres sont donnés globalement pour les arrondissements administratifs. On ne trouve du reste aucune explication qui permette d'apprécier la valeur des résultats. La mort prématurée de M. Defooz n'a pas permis l'achèvement des tableaux du recensement de 1801. « Je suis occupé dans ce moment, écrivait-il en remettant les documents de 1806, 1816 et 1829, à séparer les pièces qui concernent le recensement de la province pour 1801. Une première inspection de ces documents m'inspire la crainte d'avoir à lutter contre de nouvelles difficultés, les faits qui concernent le recensement de la population proprement dit, se trouvant confondus dans une multitude d'autres détails

---

[1] Le travail de dépouillement, qui paraît avoir été très-pénible, a été fait par feu M. le Dr Defooz, secrétaire de la commission provinciale.

—
statistiques qui semblent avoir été réclamés par les diverses administrations communales. » Il serait à désirer que quelque membre de la commission provinciale de Liége voulût bien se charger de combler la lacune relative au recensement de 1801.

ANNÉES.	HOMMES.				FEMMES.			TOTAUX.		
	ENFANTS et célibataires.	MARIÉS et veufs.	MILITAIRES.	TOTAUX.	ENFANTS et célibataires.	MARIÉES et veuves.	TOTAUX.	HOMMES.	FEMMES.	TOTAUX.
Province de Liége.										
1801...	»	»	»	»	»	»	»	»	»	»
1806...	98,197	50,752	6,075	155,002	103,710	52,489	156,199	155,002	156,199	311,201
1811...	»	»	»	»	»	»	»	»	»	»
1816...	92,937	60,106	3,088	156,131	100,093	63,035	163,128	156,131	163,128	319,259
1829...	116,220	64,437	864	181,521	117,258	72,022	189,280	181,521	189,280	370,801
Arrondissement de Liége.										
1806...	51,848	18,294	4,419	74,561	51,335	17,846	69,181	74,561	69,181	143,742
1811...	»	»	»	»	»	»	»	»	»	»
1816...	41,584	26,056	1,421	69,061	44,624	28,147	72,771	69,061	72,771	141,832
1829...	53,740	29,500	398	83,638	54,618	33,409	88,027	83,638	88,027	171,665
Arrondissement de Verviers.										
1806...	19,558	14,490	766	34,814	22,946	15,275	38,221	34,814	38,221	73,035
1811...	»	»	»	»	»	»	»	»	»	»
1816...	21,292	16,127	758	38,177	23,497	15,788	39,285	38,177	39,285	77,462
1829...	28,056	16,487	215	44,758	28,963	18,267	47,230	44,758	47,230	91,988
Arrondissement de Huy.										
1806...	16,065	10,134	487	26,684	15,598	11,055	26,653	26,684	26,653	53,337
1811...	»	»	»	»	»	»	»	»	»	»
1816...	18,741	11,416	554	30,711	19,614	12,126	31,740	30,711	31,740	62,451
1829...	20,666	11,342	151	32,159	20,310	12,485	32,795	32,159	32,795	64,954
Arrondissement de Waremme.										
1806...	10,728	7,814	401	18,943	13,831	8,313	22,144	18,943	22,144	41,087
1811...	»	»	»	»	»	»	»	»	»	»
1816...	11,320	6,507	355	18,182	12,358	6,974	19,332	18,182	19,332	37,514
1829...	13,758	7,108	100	20,966	13,567	7,861	21,228	20,966	21,228	42,194

Province de Limbourg.

On a renoncé à former des états complets pour les recensements de 1801, 1806, 1811 et 1816; les documents étaient si défectueux qu'il n'a été possible de remplir que le tableau relatif au recensement de 1829, encore a-t-il fallu recourir, pour quelques communes, au chiffre de la population qui a servi de base en 1829 à la répartition du contingent de la milice assigné à la province. La cause de ces fâcheuses lacunes, écrivait M. le Gouverneur, provient du peu de soin apporté dans quelques localités, malgré la surveillance et les efforts constants de l'autorité supérieure, à la conservation des documents appartenant aux archives communales.

Les résultats du recensement de 1829 ont présenté les valeurs suivantes :

	Hommes.	Femmes.	TOTAL.
Population dans la province de Limbourg . .	78,706	80,374	159,080

Pour remplir les lacunes du recensement de 1829, il a fallu recourir, comme il a été dit, à la répartition du contingent des milices, qui ne donne ni la distinction des sexes, ni l'indication des enfants et des célibataires, ni celle des veufs et veuves, ni celle des militaires. La lacune pour les sexes a été comblée en divisant arbitrairement le chiffre total de la population de la commune par deux, ce qui s'éloigne du reste peu de la vérité.

Province de Luxembourg.

Les documents de cette province sont si incomplets qu'il n'est pas même un seul arrondissement administratif dont il soit possible de déterminer la population, pour les époques des cinq recensements généraux. Sur les 194 communes dont se compose la province, 41 seulement ont fait connaître les résultats généraux du recensement de 1801; 54, ceux de 1806; 46, ceux de 1811; 63, ceux de 1816; et 170 ont transmis les données plus récentes du recensement de 1829.

Dans la lettre d'envoi qui accompagne ces documents, M. le Gouverneur de la province fait observer que les anciennes archives communales ont été perdues à la suite des diverses invasions que le Luxembourg a subies pendant les guerres qui ont mis fin à l'empire français.

La population pour la ville d'Arlon a été donnée pour les cinq époques indiquées par le Gouvernement. Cette ville, dont les accroissements ont été si rapides dans ces derniers temps et qui comptait 5,221 habitants au 31 décembre 1844, avait une population faiblement croissante pendant l'empire français et pendant le Gouvernement des Pays-Bas, du moins en comparaison des accroissements qu'elle a pris sous le Gouvernement actuel. De 1801 à 1816, c'est-à-dire dans l'espace de 15 ans, la population, qui était de 2,291 habitants, s'est élevée à 2,848; l'accroissement a donc été d'un quart de la valeur primitive.

Sous le Gouvernement des Pays-Bas et pendant les treize années, de 1816 à 1829, la population s'est élevée à 3,387 habitants : l'accroissement a donc été d'un cinquième environ.

Enfin, pendant une autre période de 15 années, de 1829 à 1844, sous le Gouvernement de la Belgique, la population s'est accrue de 1,834 habitants, ce qui fait plus que la moitié de la valeur de la population de 1829.

Province de Namur.

La commission provinciale de Namur s'est bornée à transmettre au Gouvernement les états des recensements faits en 1801 et 1806 dans le département de Sambre-et-Meuse, ainsi que le tableau du recensement fait en 1816. On n'a trouvé aucune trace du recensement de 1811; quant à celui de 1829, M. le Gouverneur n'a pas cru devoir le communiquer puisqu'il doit en exister, dit-il, une copie transmise au Ministre de l'intérieur sous la date du 12 janvier 1831.

Pour rendre comparables les résultats qui nous ont été envoyés, il faudrait faire un travail préalable qui a été exécuté pour les autres provinces dans les bureaux du Gouvernement ou par les soins des commissions provinciales de statistique. La consistance actuelle de la province de Namur diffère essentiellement de la circonscription du département de Sambre-et-Meuse, aux époques où ont été effectués les dénombrements généraux de la population. En effet, jusqu'à l'organisation du royaume des Pays-Bas, deux arrondissements, qui font aujourd'hui partie de la province de Luxembourg, ceux de Marche et de St-Hubert, appartenaient à ce département, tandis que l'arrondissement de Philippeville n'existait point : deux cantons de ce dernier arrondissement (Couvin et Philippeville) appartenaient au département des Ardennes. Postérieurement encore, des changements ont été apportés à la circonscription territoriale de la province de Namur; des échanges ont été effectués avec les provinces de Liége, de Luxembourg, etc.

Il nous serait impossible de nous servir des données numériques que renferment les tableaux dans leur forme actuelle; mais ces documents ont une valeur historique qu'il convient de ne pas perdre de vue : ils nous apprennent comment les recensements avaient été conçus et exécutés aux trois époques de 1801, 1806 et 1810, et il est permis de croire que la même marche avait été suivie dans le reste de la Belgique.

Le tableau du recensement de 1801 contient les colonnes suivantes, qui ont été généralement remplies pour le département de Sambre-et-Meuse :

1 Noms des communes.
2 Classe (ville, village, bourg), etc.
3 Dépendances en hameaux.
4 Arrondissements auxquels elles ressortissent.
5 Population.
6 Distance en kilomètres, *a* de Paris, *b* au chef-lieu de préfecture, *c* au chef-lieu de sous-préfecture, *d* au chef-lieu de justice de paix.
7 Désignation des paroisses et succursales.
8 Établissements publics et manufactures qui s'y trouvent.

Le tableau du recensement de 1806 ne contient que les données relatives à la population :

1	Noms des arrondissements communaux.		
2	Id. des cantons.		
3	Id. des communes.		
4	Population des garçons.	. . . .	55,643
5	Id. des filles.	. . . .	53,221
6	Id. des hommes mariés	. . . .	29,726
7	Id. des femmes mariées.	. . . .	29,716
8	Id. des veufs	. . . .	3,326
9	Id. des veuves.	. . . .	6,936
10	Id. des militaires aux armées	. . . .	2,087
11		Total	180,655

Le tableau de recensement de 1816 est très-étendu; il ne contient pas moins de 45 colonnes :

1 Noms des arrondissements.
2 Chefs-lieux des cantons de milice.
3 Id. des mairies.
4 Différents bourgs, villages, hameaux, etc., qui forment ensemble une mairie.
5 Population des individus du sexe masculin qui n'ont pas commencé leur

			19e année,		
				mariés.	5
6	Id.	id.	»	célibataires	34,756
7	Id.	id.	»	veufs avec enfants . . .	»
8	Id.	id.	»	» sans enfants . . .	»
9				Total	34,761

10	Population des individus du sexe masculin de 19 à 22 ans, mariés.				318
11	Id.	id.	»	célibataires	5,140
12	Id.	id.	»	veufs avec enfants . . .	7
13	Id.	id.	»	» sans enfants . . .	5
14				Total	5,470
15	Id.	id.	de 23 à 50 ans,	mariés.	17,260
16	Id.	id.	»	célibataires.	7,131
17	Id.	id.	»	veufs avec enfants . . .	718
18	Id.	id.	»	» sans enfants . . .	164
19				Total	25,273
20	Id.	id.	de 51 ans et plus,	mariés.	10,653
21	Id.	id.	»	célibataires.	1,512
22	Id.	id.	»	veufs avec enfants . . .	2,024
23	Id.	id.	»	» sans enfants . . .	358
24				Total.	14,547
25	Population des individus du sexe féminin, mariées				27,810
26	Id.	id.	non mariées		50,174
27	Id.	id.	veuves		6,363
28				Total.	84,347
29	Total de chaque bourg, village, hameau, etc., formant ensemble une mairie. . .				»
30	Total des chefs-lieux des communes.				»
31	Total de chaque canton de milice.				»
32	Population totale de tout l'arrondissement.				164,398
33	Combien de miliciens ont été incorporés dans différents bataillons, etc.				1,144
34	Religion, catholiques romains.				163,952
35	Id.	id. du clergé			410
36	Id.	protestants réformés.			1
37	Id.	confession d'Augsbourg luthériens			»
38	Id.	id. id. frères moraves.			»
39	Id.	anabaptistes			»
40	Id.	remontrants			»
41	Id.	autres sectes non nommées			»
42	Id.	juifs portugais			»
43	Id.	id. allemands			35
44				Total	164,398
45	Observations.				

Les observations se rapportent surtout à l'indication des monuments publics et des grands établissements industriels.

Peut-être sera-t-on curieux maintenant de rapprocher des chiffres généraux qui ont été posés précédemment, ceux qui sont donnés dans la statistique officielle (*Mouvement de l'état civil*) pour le 31 décembre 1844. Ces derniers chiffres, du reste, s'appuient sur ceux du recensement de 1829, en tenant compte des naissances, des décès et des changements de domicile. On peut les considérer, en général, comme étant plutôt inférieurs que supérieurs aux chiffres réels de la population.

PROVINCES.	POPULATION DES PROVINCES.					
	1801.	1806.	1811.	1816.	1829.	1844.
Anvers	246,436	284,584	281,801	293,725	354,974	391,115
Brabant	245,972	302,542	?	514,765	595,562	666,795
Flandre occidentale	459,730	492,143	?	519,436	601,678	662,140
Id. orientale	559,989	602,257	601,158	615,689	733,938	803,345
Hainaut	414,541	474,497	?	488,595	608,524	686,256
Liége	?	311,191	?	319,259	370,801	451,777
Limbourg	?	?	?	?	159,080	179,014

Nous ferons, avant de finir cet examen, quelques remarques sur les principaux résultats qu'on peut déduire des tableaux précédents.

Remarquons d'abord que la population, depuis le commencement de ce siècle, a été généralement croissante dans toutes les provinces. L'accroissement a toutefois été bien moins rapide sous l'empire que du temps du royaume des Pays-Bas.

La population de 1844, dans chaque province, surpasse de plus d'un tiers la population de 1801.

La province qui a reçu les accroissements les plus rapides est celle de Brabant; *la population se trouve presque triplée.* En 1801, elle n'était guère que la moitié de la population de la Flandre occidentale; et, à la fin de 1844, elle lui était supérieure.

Le tableau suivant indique les accroissements relatifs reçus pendant chacune des trois périodes sous l'empire, sous le Gouvernement des Pays-Bas et sous le Gouvernement actuel. L'accroissement reçu pendant la période est comparé au chiffre de la population au commencement de la période.

PROVINCES.	ACCROISSEMENT PENDANT LA PÉRIODE DE		
	1801-1816. 15 ANS.	1816-1829. 15 ANS.	1829-1844. 15 ANS.
Anvers	0,19	0,21	0,10
Brabant.	0,29	0,26	0,69
Flandre occidentale	0,13	0,16	0,10
Id. orientale.	0,10	0,19	0,09
Hainaut.	0,18	0,25	0,13
Liége	»	0,16	0,17
Luxembourg	»	»	0,13

Ce tableau mérite de fixer l'attention à plus d'un titre. L'accroissement extraordinaire de la population du Brabant est surtout remarquable.

Les divers recensements ont donné une population féminine un peu supérieure à la population masculine. Les arrondissements de Bruxelles et de Bruges font une légère exception; cependant cette exception ne provient pas de l'influence des villes, du moins pour l'arrondissement de Bruges. Il est à remarquer même que, dans les quinze villes de la Flandre occidentale, les femmes étaient beaucoup plus nombreuses que les hommes.

En descendant aux détails des tableaux, on devait s'attendre à trouver le nombre des mariés et veufs moins grand que celui des mariées et veuves. Le nombre des mariés devrait en effet être exactement égal à celui des mariées, si des causes particulières ne venaient détruire cette égalité mathématique entre des nombres qui diffèrent, du reste, toujours très-peu entre eux; il n'en est pas de même des veuves; leur nombre est généralement double de celui des veufs, et c'est cette inégalité qui se fait ressentir dans nos tableaux. Deux nombres cependant font exception : ils se trouvent dans les tableaux de Liége, qui, du reste, ne semblent pas devoir inspirer une entière confiance.

Quant aux enfants et célibataires des deux sexes, la prédominance a été en général en faveur du sexe féminin, surtout pendant les guerres de l'empire, qui retenaient une partie de la population masculine en dehors des frontières.

Nous aurions désiré trouver des renseignements sur le nombre des militaires recensés dans les différentes provinces aux époques indiquées dans les tableaux;

mais le peu de notions que nous avons pu recueillir à cet égard sont extrêmement défectueuses, et nous croyons ne pas devoir en faire usage.

Quant à la valeur des tableaux qui nous ont été transmis, il résulte de l'examen qui vient d'être fait, que :

1° *Pour le recensement de* 1801, la Flandre occidentale, seule, a donné, par arrondissements administratifs, des documents complets et conformes à ceux demandés par le Gouvernement.

Les provinces d'Anvers, de Brabant, de la Flandre orientale et de Hainaut, ont fait connaître globalement le montant de la population.

Les provinces de Limbourg, de Luxembourg et de Namur ont fourni des documents incomplets, et celle de Liége n'a rien envoyé.

2° *Pour le recensement de* 1806, les provinces d'Anvers, de la Flandre occidentale et de Liége ont fait parvenir des tableaux complets et conformes à ceux proposés par le Gouvernement; les provinces de Brabant, de la Flandre orientale et de Hainaut ont fait connaître la population globalement.

Les provinces de Limbourg, de Luxembourg et de Namur ont donné des tableaux incomplets.

3° *Pour le recensement de* 1811, les différentes provinces s'accordent à reconnaître qu'il n'a pas réellement eu lieu, mais qu'on a établi une estimation approximative. Néanmoins les provinces d'Anvers et de la Flandre orientale ont donné les résultats globaux de la population par arrondissements administratifs.

4° *Pour le recensement de* 1816, les provinces d'Anvers, de Brabant et de la Flandre occidentale ont envoyé des documents complets; celles de la Flandre orientale, de Hainaut et de Liége n'ont fait connaître la population que globalement, et celles de Limbourg, de Luxembourg et de Namur ont donné des tableaux incomplets.

5° *Pour le recensement de* 1829, les provinces d'Anvers, de Brabant et des deux Flandres ont envoyé des documents complets; celles de Hainaut, de Liége et de Limbourg ont fait connaître la population globalement, et les deux provinces de Namur et de Luxembourg ont donné des tableaux incomplets.

En voyant les nombreuses lacunes qui existent dans tous les tableaux, on n'en sent que mieux la nécessité de procéder à un dénombrement général de la population du royaume.

Il faudra veiller, d'une autre part, à ce que les documents d'une opération si importante ne soient plus abandonnés désormais à l'incurie des autorités locales. Cette incurie a été grande, puisque jusqu'au souvenir des recensements, opérés en quelque sorte sous nos yeux, se trouve déjà effacé. Non-seulement on a oublié la marche qui a été suivie, mais on en est réduit à se demander si les recensements ont été réellement effectués.

Concluons d'après cela que toutes nos données sur les anciens chiffres de la population ne peuvent inspirer que peu de confiance, et que cet important élément d'une statistique doit être constaté le plus tôt possible et livré à une publicité telle que l'on n'ait plus à craindre les inconvénients que nous rencontrons aujourd'hui.

Extrait du compte-rendu par Gilles de Busleiden, receveur général du Luxembourg, de l'aide de 24 nouveaux gros de Luxembourg, sur chaque feu et *ménage, consentie par les états de Luxembourg, en* 1495[1]. (*Comptes des aides et subsides*. Archives de l'ancienne chambre des comptes en Brabant.)

Ville et prévosté de Luxembourg.

	Mesnaiges.
Premièrement la ville de Luxembourg a eu en mesnaiges, contribuables et non exemps .	461
Mammeren	58
Seraissen	51
Bonnewegen	9
Merren	16
Hollzen	12
Funich	10
Bettingen	15
Kuntzich	22
Oberkerssen	17
Neyderkerssen	20
Oberst-Roetgen	6
Arestorff.	2
Lympach	7
Saissenhem	55
Schoewyler	15
Carnich et Gerlingen	18
Hieffengen	9
Petingen	9
Lyner	7
Daelhem.	3
Sprenkingen	10
Ludelingen	17
Ychzich	16
Oettringen	6

	Mesnaiges.
Bertringen	56
Over Runtge	9
Nyeder Runtge.	8
Buermeringen	11
Friessingen	10
Cauderen	16
Efferingen	7
Altwiess.	15
Hiemelingen	5
Aispalt	25
Esingen	4
Putlingen	30
Buren	24
Hagen	4
Prysche.	11
Mondorff	25
Douffendorff	2
Ellingen.	11
Elffingen	9
Oemeringen	5
Erpelingen	18
Boiss.	42
Assel et Rullingen lez Boiss	10
Hallinghen	4
Ruthge	11
Bonst	10

[1] Communiqué par M. Schayes.

	Mesnaiges.		Mesnaiges.
Parde	6	Nyederandffen	11
Schindelz	14	Semyngen	5
Roden lez Sievenborn	7	Overandffen	9
Gryssche	13	Rammelingen	4
Hoilvelz la franchise	12	Errentzen	3
Kopstal	1	Moemspach	8
Tuntingen	9	Schitteringen	13
Doulingen	1	Schranssis	5
Callenbach	1	Couteren	16
Borne	5	Moedfart et Medingen	31
Ansembourg	5	Wiess ou Gauwe	17
Kellen	19	Dodenhem	5
Kentzfelt et Mortzborne	11	Daelhem	5
Noisspalt	18	Wilstorff	17
Olmen	6	Berg lez Rodemach	14
Meerssche	26	Soufftge	12
Bersbach	3	Rodemach la franchise	36
Beringen	9	Summingen et Fulbach	6
Mestorff	6	Fuxhem	13
Clabbach	4	Altzingen	9
Huttingerschure	1	Wyler à la Tour	16
Reckingen près Merssche	50	Hassel	9
Blantscheyt	6	Zeessingen	5
Steynsel	21	Keylle	29
Helmesingen	9	Tettingen	12
Boifferdingen et Helmedingen	16	Bummelingen	9
Walfferdingen	6	Dieferdingen	30
Heystorff	12	Zolveren	21
Dommeldingen	15	Overkare	9
Eysch et Beggen	20	Nyederkare	15
Lynth et Goisseldingen	25	Belfis	12
Hinistorff	10	Zonnen	4
Bevreldingen	8	Piessingen	7
Roldingen	15	Redingen lez Belms	6
Lorentzwyler	11	Rulant	5
Pittingen	10	Meysemburg	4
Remich	40	Vysschbach et Kedingen	11
Bech	28	Wyger	2
Welfferingen	8	La Rochete la franchise	29
Bessche	24	Overschirren et Nederschirren	20
Schengen	11	Nommeren	8
Berinch	13	Krussenach	14
Manderen	9	Heffingen	12
Wiess lez Bubbingen	7	Medernach	17
Wellesteyn	11	Eppeldorff	3
Swepsingen	15	Grentzen	4
Wintringen	27	Schoiss	5
Remersingen	27	La court de Lendebach	1
Waltbredems	20	Savelbornen	2
Sieren	12	Ingelsbergh	7
Stacdebrodems	17	Stegen	4
Gryeffeldingen	17	Beffort	17
Menstorff	12	Diedelingen	7

	Mesnaiges.
Haller	8
Waltpillich	9
Konstorff	20
Bertorff	19
Biessen	56
Burchlintzeren	15
Jonglintzeren	50
Godbringen	8
Aldelintzeren	6
Gonderingen	11
Biedwyler	11
Essch sur Lalsus	41
Steynbrucken	9
Ellingen sur Messer	9
Mondirchen	45
Elringen	5
Diepach	7
Reckingen sur Messer	11
Bergerem	8
Schiffelingen	15
Abwyler	6
Noerzingen	6
Hoencheringen	6
Vynningen	8
Bettemberch	27
Buenffigen	7
Lieffingen	12
Roeseren	11
Peppingen	12
Heldingen	14
Berchem	6
Cruthem	4
Hesperingen	14
Ventingen	12
Dudelingen	26
Burringen	7
Balsingen	7
Buederspergh	7
Ventssche	41
Roitwyler	15
Kunttinck	2

Somme des feuz soubz les ville, prévosté et quartier de Luxembourg 5,022 feuz.

Ville et prévosté de Thionville.

	Mesnaiges.
Premièrement la ville de Thionville a eu en mesnaiges contribuables et non exemps	295
Kettenhem	64
Saucey	28
Keichingen	12
Rutghe	5
Brustorff	17

	Mesnaiges.
Efingen	4
Garsse	28
Mackenhoven	5
Hettinghen	25
Zeetrich	21
Boeller	14
Moenhem	21
Elinghen	9
Mairange	82
Oettringen	49
Walmeringen	26
Wolkringen	10
Metzingen	5
Auswiler	20
Entrigen	22
Enscheringen	14
Molffingen	7
Algringen	18
Buffingen emprez le Mont-St-Michiel	16
Kantsen	55
Buddingen emprez Justemont	7
Bolsingen	7
Genderingen	19
Uckingen	26
Velmacheren	5
Mundeligen	25
Richemont	55
Befingen	14
Pipperstorff	2
Hayanges	64
Stuckingen	10
Wolffstorff	11
Leynsen	5
Luchtingen	21
Monterchen	7
Elssingen	15
Walmerstorff	9
Buddingen off der Kanderen	19
Terffen	14
Diestorff	20
Kiersse	1
Engelingen	14
Herstorff	4
Tetlingen	10
Hellingen	7
Eltzingen	5
Buddingen emprez Budespach	16
Hettinghen oultre Mezelle	6
Huntingen	9
Nyederham	40
Overham	9
Bletingen	14
Bousse	8

	Mesnaiges.
Landerfingen	10
Wymmeringen	9
Fleeche	12
Emeldingen	22
Birtringen	4
Rurchingen	15
Eyck	24
Trommerchin	11
Nyderintze	20
Overinze	16
Machre le Roy	91
Metzer Wiss	55
Kuntzich	11
Kunttingen	14
Illigen	21
Seringny	20
Grissberch	1
Bettingen emprès Florbenges	5
Le gaingnaige de Guntrenghe	1
Le gaingnaige des Nonnains	1
Florbenges	24
Grezingen	2
Zaissingen	2
Schremyngen	6
Orwech	15
Duiswich	10
Ebbigen	25
Marspach	19
Nylffingen	7
Nyder und Obergynnyngen	55
Metzer esche	5
Buxey	20
Joppecourt	12

Somme des feuz soubs les ville, prévosté et quartier de Thionville, 1,855 Feuz

Ville et prévosté d'Arlon.

	Mesnaiges.
Premièrement la ville d'Arlon a eu en mesnaiges contribuables et non exemps.	200
La court de Martelenges	107
Le ban de Stockem	28
La court d'Attortten	36
Le ban d'Hersy	52
La court de Colpach	27
Le ban de Diedembourg	28
La court d'Elcheraet	55
La court de Rambrouch	47
Le ban d'Auliers	51
Posse	12
Selingen	22
Mechtzich	55
Baenrait	21
Wyler by Wannen	5

	Mesnaiges.
Buffingen	7
Udingen	15
Wolkringen	9
Sesselich	6
Turnich	12
Fraissem	4
Niderpollen	9
Sweich	19
Resauwe	6
Aldenhoben	8
Bondorff	32
Holtze	15
Hobscheit	15
Gerlingen	5
Bebingen	5
Hottem	4
Huttingen	4
Ebley	8
Chayne	8
Barnich	15
Waltzingen	8
Beckrich	19
Praitze	29
Stockwiler	15
Ysschen	17
Boiss	15
Busleiden	55
Mecheren	12
Mutzich	22
Bley	12
Lynden	5
Sulle	16
Brouch	5
Kaler	12
Elter	12
Stirpenich	17
Bettingen	5
Hagen	11
Rindelingen	5
Steynnefort	5
Everlingen	14
Michelbouch	5
Richelingen	5
Oisperen	6
Rambrouch	1
Volscheit	2
Walde	5
Praetze	1
Platten	5
Hoistart	10
Korrich	21
Gevelingen	12
Gitzingen	11

	Mesnaiges.
Sievenbornen	28
Kalmess	11
Enderen	3
Rupwiler	2
Norenbusen	5
Redingen	4
Sweich	3
Steynen	1
Wyler by Arle	11
Fryelude zu Redigen	4
Saint-Mary	9
Essche	23
Esschedorff	14
Overmertzich	8
Nidermertzich	8
Kneboren	5
Nimhusen	4
Michelbouch	4
Lulhusen	2
Tatteler	4
Oversulle	9
Niedersulle	17
Goitstorff	12
Bucholtze	5
Merscheit	6
Deillen	6
Huderscheit	18
Oisselingen	22
Escheit	1
Praetze	1
Capwiler	1
Buschdorff	18
Nurdingen	6
Vichen	11
Osperen	13
Warcken	2
Redingen	11
Wiltze und Nyederwampach	22
Overwampach	12
Kochendorff	16
Entzelboren	6
Bever	22
Nothem	4
Berrel	6
Marckros	11
Buderscheit	6
Naekeren	11
Dalsteyn	6
Neutringen	13
Erpeldingen	9
Vidingen	5
Rolingen	6
Niderwiltze	9

	Mesnaiges.
Wauseler	13
Kuthenberg	7
Leeler	10
Bochholtze	2
Ruze	13
Hoedemont	6
Nuwehabay	20
Althabay	13
Zu dem Thoren	16
Hondelingen	18
Lauwasser	2
Girss	12
Leffeldingen	4
Elle	19
Platten	4
Redingen	5
Landen	2
Burch bye Sulle	5
Deele	1
Burrel	1
Brusse	1

Somme des feuz soubz les ville et prévosté d'Arlon : 1,888 feuz.

Villes de Machre, Echternach, Biedbourg et les prévostez d'icelles.

	Mesnaiges.
Premièrement la ville de Machre a en mesnaiges contribuables et non exemps	97
Munschackere et Weckringen	3
Lemingen	12
Yenen	24
Kandenach	22
Buren	2
Goistingen	21
Wormeringen dessus et dessoubz	29
Aen	8
Overdonnenen	2
Nyderdonnenen	6
Rode sur la Sure	3
Olingen	15
Bettestorff	11
Hachelstorff	8
Esschwyler	9
Wellen	4
Themmelz	20
Omestorff	6
Velrich	10
Taureren deçà la rivière	4
Koelche	4
Wiltingen et Kaussem	54
Kaussem	12
Wasserluyssche	51
Rynich	10

	Mesnaiges.
Egel	20
Luyssche sur la Montaigne	11
Vedelich sur la Sure	5
Mesenich	14
Langsur.	12
Krevenich	2
Fussnick pour la moictié appartenant à Luxemboug	5
La ville d'Echternach a eu en mesnaiges contribuables et non exemps.	157
Borren sur la Sure.	14
Steynnem	9
Munnen.	8
Mennyngen	10
Oisswyler	8
Gontzbrucken	1
Rodershoff	2
Froneburghshoff	1
La court ou cense de Veell	1
La court de Mellinck.	1
La court de Burselbach	2
Goederdorff appartenant à Echternach	5
Edingen.	7
Versswyler	6
Erentz	6
La court sur Erentzbergh	1
Luterborn	6
Bollendorf	15
La court sur Diedersberch	1
La court nommée le Ham	1
Eppellendorff	9
Prume à la Leyen	5
Irhel	8
Wyss.	15
Altxstorff	10
Harsschenbach	5
Meckel appartenant à Echternach	10
Biedbourg, la ville	78
Dudeldorff	26
Gindorff.	11
Badenhem	15
Liessen de la Kielle.	15
Gondorff	8
Grantzstorff	5
Gemeltzstorff la court.	2
Huttingen	5
Metterich	6
Bierstorff	4
Wierstorff	9
Nederwyler.	7
Overwyler	5
Bickendorff.	7
Nattenhem	18

	Mesnaiges.
Fliessem	8
Matzem et Yssche.	6
Massolter	4
Erdorff.	6
Bademborren la court.	1
Ordorff lez Duedeldorff	9
Wolffsfelt	25
Dockendorff	9
Vuendorff	5
Meckel appartenant à Biedburg	7
Stedem.	9
Messerich	17
Birtlinghen	5
Enselingen	5
Scharpillich.	9
Mersche.	11
Steynbornen	8
Stalle	6
Rietterstorff.	20
Liessem uff der Ellentz	2
Hiedessforst.	6
Roode uff der Kyele	8
Sletwyler	9
La court de Wentzelhusen	2
Ornhoven	14
Briessche	11
Auwe sur la Kyele	4
Welkyele	2
La court de Schoenfelt	2
Nyedermanderscheyt, la vallée et les 5 villaiges cy-après de ses appartenances	4
Pantemberch	5
Wallerscheit	7
Lauffenfelt	10
Ufflingen	12
Slatte	8
Keyle au chastel	4
Swartzemberg	4
Zursmytten deçà la rivière.	1
Sintzfelt.	5
Malberg la vallée	21
Wych	10
Nydembach.	15
Beltingen sur la Prume	17
Peffingen	6
Wetlingen	7
Breme	5
Huessel	2
Mullenbach.	2
Bustat	6
Alstorff et Horn	4
Stockem.	5
Ham.	5

	Mesnaiges.
Zuchtershusen.	3
Overpierscheit et Nyederpierscheit.	5
Hermerstorff	3
Wosmestorff	4
Rulant en la franchise	20
Lengler.	5
Durler	7
Thommen	4
Alderchen	2
Krombach	8
Grimelingen	6
Slerbach.	3
La court de Holler	14
Breidefelt	5
Bintzfelt.	20
Leler.	12
Asselbornn	27
Bieffers	7
Saessel	3
Bockxborn	9
Stockem	4
Lommerswyler.	5
Lanscheyt lez Rulant.	6
Byler.	6
Ort	6
Ouren	11
Leler appartenant à Ouren	3
Kalborn.	3
Heynnerscheyt.	10
Overhusen	6
Stubach deçà la rivière	2
Stolzemburg	10
Valkensteyn et Cussembach.	9
Beneliss devant Valkensteyn.	6
Brandenbourgh	20
Lantscheit	6
Gradelingen	5
Mertscheit	6
Wyler et Nachtmanderscheit.	5
Diekerke	75
Angendorff.	7
Ettelbrucken	25
Grintzingen.	2
Bettendorff	56
Geltzstorff	16
Bastendorff et Tandelen	14
Krochtem	6
Berge et Wilstorff.	9
Kolmer	6
Konstom et Holstom.	18
Kuttenburgh	2
Slindermanderscheit	10
Lupperscheit	2

	Mesnaiges.
Erpeldingen	18
Rystorff.	15
Overschierren et Nederschirren.	20
Kuttemburch appartenant à Wez	8
Moerstorff	15
Mampach	6
Herburen	11
Merstorff sur la Sure.	8
Repingen la mairie	7
Kolbant.	2
Tzuttingen.	9
Bech lez Verburgh	5
Hemstal et Kunssingen	5
Wincheringen.	30
Wer.	6
Fyssche.	5
Kerrich deçà la rivière	3
Russpart sur la Sure.	27
Raellingen	10
Goderdorff.	5
Winterstorff	5
Gyrst	2
Dickwyler	4
Berpurch	13
Manternach.	15
Lellich	13
Bieveren.	18
Bydwyler	4
Brouch	3
Berge	3
Wasserpillich	15
Overpillich	3
Mertrit	26
Flaesswyler.	9
Rodemborne	8
Machtem	7
Bourscheyt	8
Byrden	5
Veltscheyt	7
Scheydel.	2
Kemen et Asselborne.	5
Vierscheyt	1
Hoenscheyt.	11
Holtzem.	8
Wyler	5
Odeller	7
Leyttem.	1
Lengler.	1
Bucholz.	10
Alringen	9
Maldingen	7
Bronhoff	1
Wystem.	6

	Mesnaiges.
Grümelingen	1
Thommen	2
Alger.	1
Wewyler	1
Eppeler	9
Bucholz.	1
Bronhoff.	2
Krombach	2
Wypeler.	3
Maspelt	1
Auwel	4
Braicht	4
Wewyler et Lantscheit	4
Grimelingen	3
Odeler	3
Leyttem.	2
Lengler	2
Durler	2

Somme des feuz soubz les villes de Machre, Echternach, Biedbourg et les prévostez avec les quartiers et appartenances d'iceulx, 2,402 feuz.

Ville et prévosté de Bastoingne et les seigneuries gisans en icelles.

Premièrement la ville de Bastoingne a eu en mesnaiges, contribuables et non exempts	171
Hoffer	16
Lymmerle	13
Steinbach	18
Bellen	4
Wulfferingen	3
Sockhem	5
Lullingen	5
Domgen.	8
Wicherdingen	11
Sievenaller	5
Pinche	2
Lellingen	7
Wulfferdingen	5
Enscheringen	11
Hoescheit	6
Selscheyt	7
Buffingen	14
Wincheringen	4
Brechtenbach	11
Albomme	10
Manye	15
Tronne	10
Heymstorff	8
Creendal.	4
Wambach	2

	Mesnaiges.
Bourcy	7
Mychamps	11
Loville	12
Benonchamps	12
Maxeren	10
Oborcy	2
Arloncourt	3
Fain	4
Recoigne	6
Cobrn	5
Vaulx	6
Noville	5
Wycourt	4
Lutermenge	11
Villie.	5
Sury.	6
Favillers	3
Hotte.	2
Munyfontaines	2
Burnon	3
Strenchamps	6
Hollenge.	11
Seule.	8
Houville	10
Lyverchamp	2
Bodenge.	2
Syronchamps	5
Chenonge	4
Morhe	5
Ermyentz	3
Magotte	5
Pyntzomont	2
Aque.	1
Jerymont	2
Rychemont	2
Ermyamont	2
Millemont	2
Homon	3
Le Brue	1
La Vasselle	2
Donckol.	10
Brae	3
Harsy	3
Neve	2
Luzery	2
Warden.	6
Marvy	4
Luterbois	4
Warenges	3
Tarchamps	4
Hardelenges.	12
Vaicy	2
Hemmeroulle	2

	Mesnaiges.		Mesnaiges.
Ylle-Saint-Martin	5	Hubemont	5
Astenoy	5	Herbyna	5
Clochymont	2	Hieff	8
Hompre	5	Zelle	6
Grant-Rue	2	Jupille	1
Chamont	4	Waresy	7
Rancoville	8	Odisteur	8
Cobreville	5	Engreu	8
Nyve	4	Vellereu	5
Sure	7	Loppoingne	6
Lexere	5	Filliers	7
Juseren	5	Achoutte	2
Berchen	1	Walbouche	2
Vaulx	6	Berymesnie	8
Rosières-la-Grande	5	Sambry	6
Rosières-la-Petite	5	LA ROCHE EN ARDENNE	72
Remy-Champaigne	7	Grantchamp	5
Indenville	1	Beaulleu	5
Sibre	2	Arnoville	5
Villereu	4	Beausens	9
Thony	2	Houffalyse-la-Ville	24
Orveux	2	Wybren et ses appartenances	2
Spirmont	5	Bourgeois et forains de Houffalyse	10
Awyscourt	1	Sommen	4
Flammisge	4	Fontenail et Taverneux	8
Tronne	2	Suwan	5
Maude	5	Tannoy et hommes taillables à Fontenal	7
Frenoye	2	Sommeren	6
Manye	1	La court de Mons	12
Tille	5	Dyne	4
Tromont	5	La court de Chery et Retguy	20
Salle	5	Vaulx et Cheren	4
Generoul	5	Amon le ban	4
Brehen	1	Lommeren et Backelen	7
Genry	5	Sterpengny	10
Flamson	5	Boureu	4
Gyne	4	Brysy	10
Atzenne	8	La court de Mormont	15
Treffontaine	5	Mont-la-Ville	8
Wymele	2	Lonchamps	11
Wyngny	4	Champs	7
Rummon	4	Ruette	4
Morenville	5	Fay	5
Bacboufain	2	Copoingne	2
Detuyville	4	Vellereu	2
Ramont	5	Affosse	2
Jemplon	6	Bertoingne	7
Jurna	4	Eyne	2
Orteville	4	Betomont	6
Orto	7	Malempré	12
Les feuz de trois villes	10	Cetern	2
Mosseny	5	Rechamps	12
Nysseramont	6	Rechermaulx	5

	Mesnaiges.		Mesnaiges.
Villance	11	Offang	2
Messin	9	Mambay	1
Anloy	4	Cousteumont	2
Glereuse	5	Bermemont	1
Greyde	6	Astenay	5
Lymbin	15	Lesar	1
Transur	8	Grafointaine	1
Lompré Walin	2	Stremont	1
Baresin	5	Warnisfontaine	2
Martesin	5	Hossen	1
Fouckan	5	Herfontaine	2
Hannyne	2	Petit-Voir	1
Anaine	5	Grant-Voir	2
Lestervye	2	Verlaine	1
Walin	6	Tournay	2
Halma	2	Semelle	2
Chauly	4	Maixencelle	1
La court de Gouy	15	Hammypret	2
Orte	10	Salme la franchise	5
Overbesselin	14	La Conté	5
Boire et Bury	16	Vielz-Salme	4
Albinnon	12	Ville de Boix	10
Wytry	5	Noville	4
Orchymont	2	Bech	5
L'ostel Saint-Denis	12	Zerny	2
Vresse à la forest	4	Houffle	2
L'ostellerie de Saint-Pierre	6	Gamastes	6
Belle-Fontaine	2	Cortin	4
Hadremont	4	Halcourut	1
Renne	6	Bovereis	5
Bohan	5	Lonchamp	5
Mambre	2	Rogreis	4
Rumelle et Gravelle	5	Renchen	4
Neufmesnel	6	Goren	4
Bagimont	2	Myny	5
Able pour la moictié	4	Abfontenen	5
Oysy	8	Monen	5
Bynre	5	Puthy Hellenic	4
Neufchastel	13	Halleur et Hour	4
Malie	2	Envalle	6
Le Fosse	2	Beho	5
Habarn	5	Aldringe	2
L'Église	5	Bellen	1
Wythemont	2	Wilferdingen	1
Journal	1	Holdingen	2
Archimont	1	Gouys	4
Longly	2	Clervaulx-Hossingen	25
Tronquoy	1	Wallenhusen	5
Respel	2	Einsembruch	5
Molenfang	2	Rodelshusen	5
Malsa	2	Nythusen	5
Amonsort	5	Bocholz	5
Lahery	2	Wulffartzwoltz	5

	Mesnaiges.
Dreiffelt	7
Montzhuzen	8
Ruller	7
Grinthusen	3
Vyssepach	7
Roederen	4
Machernach	6
Eynswyler	5
Mecheren	2
Orspelt	7
Dorscheit	3
Ulfferingen	6
Besselingen	3
Holdingen	3
Donckeler	2
Manderscheit	2
Buffingen	4
Wampach	2
Wicherdingen	2
Rulandt la franchise	20
Beiller	6
Lantscheit	6
Lomerswyler	6
Orte	5
Asselbornen	27
Bynartz	7
Sasselen	5
Boxhorne	9
Stockhem	4
Lenglere	6
Thommen	5
Hudershusen Aldringen	2
Krumbach	7
Grofflingen	6
La court de Holler	12
Breitfelt	5
Bintzfelt	20
Leler	12
Odeler	6
Leytem	3
Bocholtz	9
Alringen	7
Maldringen	6
Wystomp Brouhoff	5
Thommen	2
Alger Wewyller	4
Espeller	9
Brouhoff	2
Wyspeler	3
Maspelt Auwel	5
Braicht	3
Lengler et Durler	4
Sommes des feux soubz les ville et prévosté	

de Bastoingne et des seignouries gisans soubz icelles avec les appartenances soubz ledit quartier et prévosté : 2,016 feux.

Ville de Marche et autres feux gisans soubz la mairie d'icelle avec autres seignouries.

	Mesnaiges.
Premièrement la ville de Marche a eu en mesnaiges, contribuables et non exempts.	100
Jamodynne	10
Aix	4
Bordon	5
Marm	7
Verdin	6
Champlon	2
Roy	9
Grinbeemont	8
Hollongne	4
Hergymont	8
Heur	10
Tzynchin	10
Chyoult	6
Randeux	4
Wahardeau	4
Hameteaul	15
Gemeppe	5
Chananne	3
Hauressart	6
En la terre de Soye	30
Berneau	8
Thohonge	6
Longville et Oneux	3
War	5
Pullenge et Pereux	6
Bohon	2
Biron	2
Verlen	3
Hommart	4
Wirich	8
Morville	5
Thour	2
He	5
Ayen	5
Fansee	6
Mormont	5
Har	5
Viller	6
Beysfe et Tryna	6
Blyer	2
Amonnym	5
Hazelle	2
Erpingny	3
Clerhey	3

<table>
<tr><td colspan="2"></td><td align="right">Mesnaiges.</td></tr>
<tr><td>Gresee</td><td></td><td align="right">3</td></tr>
<tr><td>Wennyn.</td><td></td><td align="right">6</td></tr>
<tr><td>Ny</td><td></td><td align="right">5</td></tr>
<tr><td>Phisynne</td><td></td><td align="right">6</td></tr>
<tr><td>Grant Manny</td><td></td><td align="right">5</td></tr>
<tr><td>Fosse</td><td></td><td align="right">4</td></tr>
<tr><td>Le Vault de Chananne</td><td></td><td align="right">7</td></tr>
<tr><td>Bommalle</td><td></td><td align="right">18</td></tr>
<tr><td>Han sur Lehes</td><td></td><td align="right">9</td></tr>
<tr><td>My et Ferro</td><td></td><td align="right">18</td></tr>
</table>

Somme des feuz soubz la ville et quartier de Marche : 4,2 feux.

Ville et prévosté d'Ivoix.

<table>
<tr><td>Premièrement la ville d'Ivoix a eu en mesnaiges contribuables et non exemps</td><td align="right">100</td></tr>
<tr><td>Escombre</td><td align="right">4</td></tr>
<tr><td>Saiche</td><td align="right">7</td></tr>
<tr><td>Onne.</td><td align="right">5</td></tr>
<tr><td>Mentor et Clemency</td><td align="right">2</td></tr>
<tr><td>Chamolly et Guercey</td><td align="right">9</td></tr>
<tr><td>Mogre</td><td align="right">5</td></tr>
<tr><td>Blengny</td><td align="right">9</td></tr>
<tr><td>Lynay</td><td align="right">14</td></tr>
<tr><td>Charbaulx</td><td align="right">3</td></tr>
<tr><td>Fremy</td><td align="right">4</td></tr>
<tr><td>Villy</td><td align="right">15</td></tr>
<tr><td>La Fertte</td><td align="right">8</td></tr>
<tr><td>Cherfue</td><td align="right">3</td></tr>
<tr><td>Margueil, pour la moitié.</td><td align="right">8 ½</td></tr>
<tr><td>Bièvre</td><td align="right">4</td></tr>
<tr><td>Signy et Mont-Hebert</td><td align="right">9</td></tr>
<tr><td>Sappoingne.</td><td align="right">6</td></tr>
<tr><td>Herbueval</td><td align="right">9</td></tr>
<tr><td>Marigny</td><td align="right">8</td></tr>
<tr><td>Aufflance</td><td align="right">20</td></tr>
<tr><td>Pully.</td><td align="right">6</td></tr>
<tr><td>Sailly</td><td align="right">6</td></tr>
<tr><td>Blanchampaigne</td><td align="right">4</td></tr>
<tr><td>Messaincourt</td><td align="right">4</td></tr>
<tr><td>Porrus</td><td align="right">7</td></tr>
<tr><td>Malendry</td><td align="right">5</td></tr>
</table>

Terre de Montmaidey, Saint-Mard et autres, enclavées en icelles.

<table>
<tr><td>Montmaidey la ville</td><td align="right">25</td></tr>
<tr><td>Maidey le Bas</td><td align="right">22</td></tr>
<tr><td>Sommethonne</td><td align="right">6</td></tr>
<tr><td>Thonnelalon</td><td align="right">12</td></tr>
<tr><td>Breul.</td><td align="right">8</td></tr>
<tr><td>Anioth</td><td align="right">27</td></tr>
<tr><td>Petit Vernul</td><td align="right">11</td></tr>
</table>

<table>
<tr><td></td><td align="right">Mesnaiges.</td></tr>
<tr><td>Grand Vernul</td><td align="right">13</td></tr>
<tr><td>Thonnelety.</td><td align="right">9</td></tr>
<tr><td>Thonelle</td><td align="right">8</td></tr>
<tr><td>Vigneul.</td><td align="right">6</td></tr>
<tr><td>Viller-le-Rond</td><td align="right">11</td></tr>
<tr><td>Géronville</td><td align="right">8</td></tr>
<tr><td>Saint-Mard.</td><td align="right">29</td></tr>
<tr><td>Torgny</td><td align="right">14</td></tr>
<tr><td>Villomme devant Laval</td><td align="right">9</td></tr>
<tr><td>Bazaille soubz Mont-Quentin</td><td align="right">7</td></tr>
<tr><td>Han devant Marville</td><td align="right">7</td></tr>
<tr><td>Villercloye</td><td align="right">10</td></tr>
<tr><td>Fresnoy-la-Montaigne</td><td align="right">25</td></tr>
<tr><td>Montigny</td><td align="right">15</td></tr>
<tr><td>Ruelle-le-Chastel</td><td align="right">8</td></tr>
<tr><td>Coulmey.</td><td align="right">9</td></tr>
<tr><td>Brandeville</td><td align="right">25</td></tr>
</table>

Terre de Chini.

<table>
<tr><td>Chini la ville et Villemont</td><td align="right">12</td></tr>
<tr><td>Susy.</td><td align="right">6</td></tr>
<tr><td>Strement</td><td align="right">4</td></tr>
<tr><td>Brevenne</td><td align="right">5</td></tr>
<tr><td>Martilly.</td><td align="right">8</td></tr>
<tr><td>Moyen</td><td align="right">3</td></tr>
<tr><td>Lorcignol</td><td align="right">16</td></tr>
<tr><td>Pinger Ysel.</td><td align="right">14</td></tr>
<tr><td>Les bulles</td><td align="right">8</td></tr>
<tr><td>Jammogne</td><td align="right">8</td></tr>
<tr><td>Tintigny</td><td align="right">15</td></tr>
<tr><td>Belle-Fontaine</td><td align="right">6</td></tr>
<tr><td>Ausart</td><td align="right">6</td></tr>
<tr><td>Saint-Vinsart</td><td align="right">9</td></tr>
</table>

Somme des feux soubz la ville et prévosté d'Yvoix et ses appartenances : 818 ½ feuz.

Somme des feux de toutes les villes, prévostez, seigneuries, villaiges et plat pays dessus dit : 12,421 feuz et demi.

Autre récepie des villes, fortes maisons, terres et seignouries estans et appartenans à messire Engelbert, conte de Nassau, etc.

<table>
<tr><td>Premièrement les ville et conté de Vyanden, par estimation et information comme dessus.</td><td align="right">568</td></tr>
<tr><td>Item, les ville et seigneurie de Saint-Vy</td><td align="right">565</td></tr>
<tr><td>Item, la seigneurie de Daesburg</td><td align="right">292</td></tr>
<tr><td>Et la terre et seignourie de Neufchastel aliàs Nyeuwerburg</td><td align="right">168</td></tr>
</table>

Somme de tous lesdits feux appartenans à mon dit sieur de Nassouw : 1,595 feuz.

Le dénombrement de 1501 donne 12,585 feux, tant de condition franche que de condition serve, y compris le comté de Vianden et autres possessions du comte de Nassau, mais, à l'exception des terres et seigneuries appartenant aux abbayes de Stavelot et de Malmédi, la châtellenie de Soingne, la seigneurie de Herisey, la ville et plusieurs villages du comté de Rochefort, la seigneurie d'Ochain-lez-Marche, les terres et seigneuries de St-Hubert et Chanancy-St-Hubert appartenant à l'abbaye de St-Hubert, Conlez-Maisières, Mohon et la Francheville-lez-Maisières au delà de la Meuse, la seigneurie de Herbeumont et les villages d'Auby et de Cugnon, la terre et seigneurie de Florchenges, Jamais-lez-Marville, la seigneurie et terre de Buzy-le-Châtel au duché de Bar, Champs et Neufville-lez-Verdun, la seigneurie de Bellecourt et Novion sur la Meuse-lez-Maizières. Ces différents endroits n'ont pas fourni le dénombrement de leurs feux ou ménages.

Le dénombrement de 1525, 15,230 $\frac{1}{2}$.

  —   de 1528, 11,624,   le comté de Vianden et autres possessions du comte de Nassau n'y figurent pas.

  —   de 1530, 14,087,   sans le comté de Vianden, etc.

  —   de 1541, 16,019 $\frac{1}{4}$,   sans les comtés de Vianden et de Salm et la seigneurie d'Agimont.

  —   de 1554, 17,619 $\frac{1}{3}$.   sans les villes et prévôtés de Montmédi, Chini, Ivoix, Virton et Damvillers, avec les seigneuries y enclavées, à cause qu'elles venaient de tomber au pouvoir des Français.

  —   de 1566, 17,542 $\frac{1}{2}$.

Il y a aussi des dénombrements pour les deux siècles suivants; mais, comme il n'y a pas de relevé général du nombre des feux de chaque prévôté, mairie ou seigneurie, il faudrait, pour obtenir le chiffre total de chaque dénombrement, faire une addition des feux de chaque localité, ce qui demanderait beaucoup de temps.